元宵节

◎ 主编 金开诚

◎ 编著 姜 舟

吉林出版集团
吉林文史出版社

图书在版编目（CIP）数据

元宵节 / 金开诚著. -- 长春 : 吉林文史出版社,
2011.10（2023.4重印）
（中国文化知识读本）
ISBN 978-7-5472-0900-4

Ⅰ．①元… Ⅱ．①金… Ⅲ．①节日－风俗习惯－中国
Ⅳ．①K892.1

中国版本图书馆CIP数据核字(2011)第209640号

元宵节

YUANXIAOJIE

主编/金开诚　编著/姜　舟

项目负责/崔博华　责任编辑/崔博华　高原媛

责任校对/高原媛　装帧设计/李岩冰　董晓丽

出版发行/吉林出版集团有限责任公司　吉林文史出版社

地址/长春市福祉大路5788号　邮编/130000

印刷/天津市天玺印务有限公司

版次/2011年10月第1版　印次/2023年4月第3次印刷

开本/660mm×915mm　1/16

印张/9　字数/30千

书号/ISBN 978-7-5472-0900-4

定价/34.80元

前　言

　　文化是一种社会现象，是人类物质文明和精神文明有机融合的产物；同时又是一种历史现象，是社会的历史沉积。当今世界，随着经济全球化进程的加快，人们也越来越重视本民族的文化。我们只有加强对本民族文化的继承和创新，才能更好地弘扬民族精神，增强民族凝聚力。历史经验告诉我们，任何一个民族要想屹立于世界民族之林，必须具有自尊、自信、自强的民族意识。文化是维系一个民族生存和发展的强大动力。一个民族的存在依赖文化，文化的解体就是一个民族的消亡。

　　随着我国综合国力的日益强大，广大民众对重塑民族自尊心和自豪感的愿望日益迫切。作为民族大家庭中的一员，将源远流长、博大精深的中国文化继承并传播给广大群众，特别是青年一代，是我们出版人义不容辞的责任。

　　本套丛书是由吉林文史出版社和吉林出版集团有限责任公司组织国内知名专家学者编写的一套旨在传播中华五千年优秀传统文化，提高全民文化修养的大型知识读本。该书在深入挖掘和整理中华优秀传统文化成果的同时，结合社会发展，注入了时代精神。书中优美生动的文字、简明通俗的语言、图文并茂的形式，把中国文化中的物态文化、制度文化、行为文化、精神文化等知识要点全面展示给读者。点点滴滴的文化知识仿佛颗颗繁星，组成了灿烂辉煌的中国文化的天穹。

　　希望本书能为弘扬中华五千年优秀传统文化、增强各民族团结、构建社会主义和谐社会尽一份绵薄之力，也坚信我们的中华民族一定能够早日实现伟大复兴！

目录

一、元宵节的起源与历史发展

每年农历的正月十五日，春节刚过，迎来的就是中国的传统节日——元宵节。正月是农历的元月，古人称夜为"宵"，而十五日又是一年中第一个月圆之夜，所以这一天被称为元宵节。正月十五同样也是一元复始、大地回春的夜晚，因此元宵节又有 "小正月""元夕""灯节"以及"上元节"之称。元宵节早在两千多年前的西汉就存在了，是中

国的传统节日，同时元宵节也是家家户户企盼团圆的重要节日。按中国民间的传统，在这天上皓月高悬的夜晚，人们除了要点起彩灯万盏，燃灯放焰、喜猜灯谜，还要全家人团聚在一起共吃元宵、同庆佳节，共享其乐融融。

（一）元宵节的起源

作为一年之中第一个月圆的节庆，古时起每逢元宵节，各地上自王公大臣下至市井小民，无不安排多姿多彩的庆祝活动，延续着春节欢乐的气氛，同时也将春节的尾声掀起高潮。狂欢的节日气氛和独特的节日习俗使得元宵节历代相传，经久不衰，时至今日已成为中华民族十分

重要的传统节
日。关于元宵
节的起源，文
献上并无明确
记载，各家看
法也不一致，
常见的说法有
以下几种：

1.祀"太一"说

这一说法是诸说中最早提出的。见于唐初的《艺文类聚》："《史记》曰：'汉家以望日祀太一，昏时到明。'今夜游观灯，是其遗迹。"汉武帝初从谬忌之奏，以为太一为天神之贵者，于是置太一坛以祀太一神，而后又兴建甘泉宫，宫中设台室，画天地太一等鬼神，且置祭具，每逢正月十五，汉武帝在甘泉宫祭祀主宰世间一切的"太一"神，以祈求风调雨顺、国富民丰。这种从夜到明的祭祀活动，在祭祀

时常常烈火满坛旁，类似后代通宵达旦的张灯习俗，自此正月十五被后人视为祭天祭神的节日流传下来。

2.汉明帝燃灯礼佛说

宋僧赞宁《大宋僧史略》有载："案《汉法本内传》云：教初来，与道士角试，烧经像无损而发光。又西域十二月三十日，是此方正月十五日，谓之大神变月。汉明敕令烧灯，表佛法大明也。"谓灯俗起于汉明帝。东汉年间，随着佛教文化的传入，元宵节的风俗逐渐形成。汉永平年间，因明帝信奉提倡佛法，遣人前往印度习求佛法。大臣蔡愔从印度求得佛法归来，告禀明帝，在印度摩揭陀国每逢正月十五，众僧、信徒均从四面八方赶来瞻仰佛舍利并把这一天视为参佛的良辰吉日。

汉明帝得知后，为弘扬佛法，下令以后每年的正月十五晚上在皇宫和寺院之中燃灯，以供众人参拜佛祖。由于汉明帝对此项举措的大力推行，加之伴随着以后历代皇帝对佛教、道教文化的重视，正月十五燃灯的习俗便逐渐在中国扩展开来，元宵节也由此逐渐形成。

3.道教"三元"说

三元指天、地、水三官，是东汉末年五斗米教初创时吸纳自然崇拜神灵所创造的道教的主要神灵。魏晋南北朝时，由于道教的大肆宣扬，三元信仰大盛，出现了所谓天官赐福、地官赦罪、水官解厄之说，并编排出三官分别在一年中的正月十五、七月十五、十月十五降临人间的说法。道教在这三天要举行迎神祭祀活动，遂演化为节日。南北朝所出《三元玉京

玄都大献经》说："天地水三官考校功过，毫分无失。所言三元者，正月十五日为上元，即天官检勾；七月十五日为中元，即地官检勾；十月十五日为下元，即水官检勾。"此后，三官降临的日子又演化为三官生日，道教于三日举行的迎神祭祀活动又被说成是祝诞祭祀活动。此说流传至今。

三日的祭祀都有燃灯活动。清代顾铁卿《清嘉录》说："遇三元日，士庶拈香，骄集于院观之有神像者……归持灯笼，上御'三官大帝'四字，红黑相间，悬于门首，云可解厄。"按道教的说法，元宵节即源于燃灯祀上元天官的活动，故又有上元节的名称。

4.其他传说

除了太一说、燃灯礼佛说、三元说之外，民间还流传着其他关于元宵节起源的传说：

（1）神鸟说

相传在很久以前，凶禽猛兽非常多，且到处伤害人和牲畜。不得已，人们就家家户户组织起来去打猛兽。一天，天上的一只神鸟因为迷路而降落人间，却意外被不知情的猎人给射死了。天帝知道此事后十分震怒，立即传旨，下令天兵于正月十五日到人间放火，将人和牲畜通通烧死、财产通通烧光。天帝的女儿得知了此事，心地善良的她不忍心看百姓无辜受难，就冒着生命危险，偷偷驾着祥云来到人间，把这个消息告诉了人们。众人听说

了这个可怕的消息，顿时吓得不知如何是好。大家思考了很久也想不出办法，直到有个老人家想出个法子，他说："正月十四、十五、十六日这三天，家家户户都在家里张灯结彩、点响爆竹、燃放烟火。这样一来，天帝就会以为我们大家都被烧死了，我们才能躲过这场灾难啊。"大家听了都点头称是，于是家家户户都分头准备去了。到了正月十五这天晚上，天帝往下一看，发觉人间一片红光，响声震天，连续三个夜晚都是如此。天帝以为是天兵所放大火燃烧的火焰，心中大快，于是人们就这样保住了自己的生命和财产。为了纪念这次成功，从此每到正月十五，家家户户都悬挂灯笼、燃放烟火来纪念这个日子，而热闹团圆的元宵佳节也就由此得来。

（2）汉文帝说

汉高祖刘邦死后，汉惠帝刘盈登基。刘盈生性懦弱，优柔寡断，朝中大权渐渐落入其母吕后手中。刘盈病死

后吕后独揽朝政大权，把刘氏天下变成了吕氏天下。吕后统治残暴，朝中大臣和刘氏宗室虽深感愤慨，但都因惧怕而敢怒不敢言。吕后病死后，朝中吕氏的党羽害怕因此失势而遭到排挤，于是，在上将军吕禄家中秘密谋反。密谋造反的事情传到齐王刘襄耳中，刘襄为保刘氏江山，决定起兵讨伐诸吕，并与开国老臣周勃、陈平一同设计，在正月十五这一天除掉了吕禄，"诸吕之乱"也最终被彻底平定。叛乱平息之后，众臣拥立刘邦的次子刘恒登基，称汉文帝。刘恒深感太平盛世来之不易，便把平息"诸吕之乱"的正月十五定

为与民同乐日，这一天京城里家家户户张灯结彩、燃放烟火，彩灯布满大街小巷。从此，正月十五便成了普天同庆的元宵佳节。

（3）东方朔与元宵姑娘

还有一个民间相传已久的传说，是说元宵节的得来与一位名叫"元宵"的姑娘有关。

相传在汉代，汉武帝有一宠臣名叫东

方朔，他为人聪明又十分善良。有一年冬天，天降大雪，东方朔就到御花园去给汉武帝折梅花。刚进园门，就发现有一宫女泪流满面准备投井。东方朔急忙上前搭救，并问她为何要自杀。问后得知，原来这个宫女名叫元宵，自从入宫以后，元宵便再无缘与家中的父母和妹妹见面。因此每到腊尽春来的时节，她就比平常更加思念家中亲人，更是觉得不能在父母跟前尽孝，不如一死了之。东方朔听了她的遭遇，深感同情，于是他向元宵保证，一定想办法让元宵和家人团聚。

一天，东方朔乔装成占卜先生在长安街上摆起一个占卜摊。由于其言语间充满智慧且不乏风趣幽默，一时间不少人都争着向他占卜求卦。然而奇怪的是，每个前来占卜的人所求的卦签上都写着"正月

十六大火焚身"。顿时，在长安城里引起了很大恐慌，人们纷纷求问解灾的办法。东方朔告知众人："正月十五这天傍晚，天上的红衣女神将奉火神君之命下凡火烧长安城，若想避此灾难，把我抄录的偈语拿去给当今天子，或许他会有办法。"话音刚落，便扔下一张红帖，扬长而去。众人拿起红帖，急忙送往皇宫并将此事禀报给皇上。汉武帝接过百姓送来的红帖，只见上面写着："长安在劫，火焚帝阙，十五天火，焰红宵夜。"汉武帝看后心中不禁大惊，于是他连忙请来了足智多谋的东方朔。听闻此事后，东方朔假意思索了片刻，便说："听说天上的火神君最爱吃汤圆，宫女元宵不是经常给陛下您做汤圆吗？不如在正月十五那天晚上让元宵做好汤圆，万岁焚香上供，传令京都家家都做汤圆，一齐敬奉火神君。另外再传令让宫中上下和臣民百姓一起在十五晚上挂灯，满城点鞭炮、放烟火，除此之外，还要通知城外百姓，正月十五晚上进城观灯，这样火光冲天、人潮攒动，从天上看下来好像满城大火，就可以瞒过玉帝了。"汉武帝听后，觉得十分有道理，于是便传旨无论宫内宫外均依照东方朔的办法去做。

到了正月十五这一天，长安城里张灯结彩，游人往来如织，热闹非凡。而宫女元宵的父母也带着妹妹进城观灯。当他们看到写有"元宵"字样的大宫灯时，惊喜地喊道："元宵！元宵！"元宵听到喊声，终于和盼望已久的亲人团聚了。如此热闹了一夜，不仅长安城平安无事，人们也被这种

热闹的气氛深深感染。汉武帝大喜，下令以后每年的正月十五全城挂彩灯、燃放烟火，家家户户都要做汤圆供奉火神君。因为宫女元宵做的汤圆最好，人们就把汤圆叫元宵，而正月十五这一天便被叫做元宵节。

关于元宵节起源的诸多传说故事，尽管其中一些缺乏考证，有的情节相对单一，人物形象也比较粗糙，故事的文学性也不够突出，但这些故事、传说为元宵节习俗起源提供了多种解说，丰富了岁时节令的文化意义。更重要的是，这些传说随着人的走动被带到四面八方，随着故事的传播，习俗也渐渐被传说所到之处的人们接受，并与当地的风物结合，逐渐成为土生土长的风俗，这也为元宵节成为全民性的节日奠定了基础。

(二)元宵节的历史发展

在唐代之前,元宵节的说法尚未形成,元宵节这一天被称作"正月十五"或"正月望",直到唐代后期才出现"元宵节"这一节日名称。作为元宵节的前身,正月十五这一天举行祭天、祭祖等宗教祭祀活动早在汉代已经开始。最早是皇帝祭拜天神,祈求来年风调雨顺、国泰民安,后流传至民间,发展为新年的第一个月圆之夜家家户户祭天祭祖,祈求丰收和子嗣。

在祭祀活动发展的同时,燃灯的习俗也逐渐形成。此外,伴随着人们对于正月十五这一天的日趋重视,以及各地特有祭祀习俗的融入,早期单一的宗教祭祀活

动逐渐发展为全国性的庆祝活动，也便是元宵节的前身。

到了隋唐时期，正月十五这一天已经开始由宗教性的节日逐渐演变成为娱乐性的欢会——元宵节。最初的祭祀燃灯已发展成为热闹喜庆的闹花灯，在被箴规礼教束缚的古代社会，人们在元宵节这一天的夜晚走上街头观灯狂欢，淡化了身份界限与传统礼教，处处都是热闹的节日景象。

早在隋文帝时期便有相关的史料记载，《隋书·柳彧传》载柳彧上书隋文帝曰："窃见京邑，爰及外州，每以正月望夜，充街塞陌，聚戏朋游。鸣鼓聒天，燎炬照地，人戴兽面，男为女服，倡优杂技，诡状异形。以秽嫚为欢乐，用鄙亵为笑乐，内外共观，曾不相避……尽室并孥，无问贵贱，男女混杂，缁素不分。秽行因此而生，盗贼由斯而起。"柳彧以靡费、男女秽行有伤风化等弊端，反对正月十五官民闹元宵，然而他的奏文却从反面描述了隋朝时民间元宵节狂欢的场景。人们"燎炬""鸣鼓"、男扮女装，戴假面具，表演杂技，尊卑不分，男女不避，内外共观，尽情欢娱。然而当时的风俗容不得风流放荡，

似乎既不敦雅，又耗费钱财太多，素性节俭的隋文帝看不惯铺张浪费，得柳彧奏文后甚表同意，即下诏禁断元宵节闹花灯耍百戏。

但一纸诏文并不能禁断千年习俗，隋文帝死后，继位的隋炀帝一反其父所为，不但恢复了元宵闹花灯耍百戏，而且自己也参与其中，多次于节日时微服前往观看并参与民间庆祝活动，把元宵闹花灯演百戏的狂欢节推向高潮。每年正月万国来朝，隋炀帝都下令将使者留至十五日，于

京师长安和东都洛阳大闹元宵。在隋炀帝常居的东都洛阳，于端门外建国门内方圆八里范围内列戏场，入夜时彩灯齐燃，如群星灿烂，经过精心排练的各种大小杂技一齐上场，从傍晚一直演到第二天天亮，百官在路旁搭起帐篷，通宵达旦地观看，杂技艺人全部穿着太常配置的锦绣衣裳，歌舞艺人则大多穿着妇女的衣裳，以示滑稽，各类化了妆的演员达三万余人，为了配齐这些演员的道具，隋炀帝下令课京兆、河南民户制作，长安、洛阳两京官府仓库中的丝锦为此而用尽一空。隋炀帝不惜耗费巨资穷国家财力举办元宵灯会，穷极侈靡，其目的不仅在于追求享乐，还有威加四海、夸示四夷的用意。

　　到了唐朝,像隋炀帝那样穷国家财力举办灯会耍杂技百戏,虽被视为亡国之政,但并没有禁断民间节日歌舞风俗。唐高祖李渊武德元年五月即皇帝位,太常官员就拟借民间裙襦以充伎衣,准备端午节于长安玄武门观戏。当时任万年县县官的孙伏伽上书进谏:"百戏散乐,本非正声,有隋之末,大见崇用,此谓浮风,不可不改。"得到唐高祖的采纳,百戏散乐虽暂时被禁断,但元宵官民同乐闹花灯仍照常进行。正如诗人崔知贤作《上元夜效小庚体同用春字》诗:"今夜启城闉,结伴戏

芳春。鼓声撩乱动，风光触处新。月下多游骑，灯前饶看人，欢乐无穷已，歌舞达明晨。"所记上元夜不仅有灯，而且有歌舞，人们观赏游玩直闹到天明。

唐朝不仅京师长安元宵花灯场景非凡，东都洛阳及全国各地也都官民同乐，盛况空前。《太平广记》记开元初唐玄宗于东都上阳宫观赏工匠毛顺心精心制作的大型彩灯，"灯为龙凤螭豹腾踯之状，似非人力"。随从的道士叶法善奏曰："灯影之盛，固无比矣。然西凉州今夕之灯，亦亚于此。"据称，当日边僻之地的凉州

"既睹灯影，连亘数十里，车马骈闻，士女纷委"，果然壮观。又牛僧孺《玄怪录》述开元十八年正月扬州元宵花灯之夜的情景有云："灯烛华丽，百戏陈设，士女争妍，粉黛相染。"场面也同样辉煌。

安史之乱后的唐代后期，社会衰败，经济凋敝，藩镇割据，虽然人们的日常生活艰难困苦，但元宵花灯照样在闹。晚唐著名诗人李商隐《正月十五夜闻京师有灯恨不得观》诗云："月色灯光满帝都，香车宝辇隘通街。身闲不睹中兴盛，羞逐乡人赛紫姑。"诗中既描绘了京师长安花灯满

街的元宵盛况，也描述了乡间元宵迎赛紫姑神的仪式，可见上元节通宵花灯会的民间习俗终唐之世沿而未改。

到了宋朝，城市生活进一步发展，元宵灯火更为兴盛。帝王为了粉饰太平，"与民同乐"，元宵节亲登御楼宴饮观灯，山楼上下，燃灯烛数十万盏。张灯的时间也由三夜扩展到五夜。新增的十七、十八两夜，最初限于京师开封府，据说是由两浙钱王进献给皇上的浙灯。后来地方州郡纷纷效法，成为通例，所以民间流传钱王买了两夜灯的说法。宋朝时还有一则关于元宵灯会的轶事，即州官放火的典故。据《老学庵笔记》记载：田登在做州官时，忌讳说与自己名字同音的"灯"字，元

宵节放灯是官民习俗, 他也躲不过, 但在其辖区内贴出的告示是: "本州依例放火三日。"后来人们以"只许州官放火, 不许百姓点灯"来批评官员的霸道与专横。

宋元易代之后, 元宵依然传承, 不过灯节如其他聚众娱乐的节日一样受到限制。明代全面复兴宋制, 元宵放灯节俗在明永乐年间延至十天, 从正月十一开始, 京城百官放假十日。民间观灯时间各地不一, 一般三夜、五夜、十夜不等。江南才子唐寅《元宵》一诗, 写出了元宵灯月相映之妙。"有灯无月不娱人, 有月无灯不算春。春到人间人似玉，灯绕月下月如银。"明代中期以后城市经济有较大的发展，作为市井生活重彩的元宵节更加热闹。清代以后，时至今日，元宵节更是发展成为中华传统节日，在人们的节俗生活中占据着越来越重要的位置。

伴随着时代的发展、社会的进步，今天的元宵节俗相比古代发生了很大的变化。相较于过去繁多的节日习俗、庆祝仪式，如今的元宵节除了各地保留当地特色的庆祝活动外，很大程度上节日习俗已被简化为观灯、吃元宵等相对简单的庆祝形式。每逢正月

十五这一天，人们最为盼望的莫过于全家人围坐在一起品尝美味的元宵，感受团圆美满、其乐融融的节日气氛。因此，在今天，元宵节更多地被赋予团圆的寓意，虽然节俗较以往有所简化，但仍为中华民族十分重要的传统节日。

二、元宵节节俗

（一）赏明月

　　月亮一直以来是元宵节的关键词之一。在城市灯光还远远无法淡化天光魅力的古代，月亮最让人向往的是满月之际的光洁、明亮、美好和圆满。而正月十五和八月十五两个最完满的月圆之日，尤其具有特殊的心理暗示甚至图腾崇拜的意义。

　　古人对月亮有着不可言喻的崇拜，而

在对星空虔诚且直观的观察中，人们还发现了月亮圆缺的规律以及月亮盈亏变化对自然物候与人的生命节律的影响。因此，在古代人们以月亮的变化作为计时的历法依据，形成了影响深远的太阴历历法体系，而每个月圆之日都被称为望日。到了汉武帝时期，颁行的太初历则采用了阴阳合历，将正月定为一年之中的第一个月份，正月十五晚上升起的自然也就是新年的第一轮圆月。处于这样一个特别的时间节点上，正月十五的月圆之夜便渐渐凸现出不一般的民俗地位。

正因如此，元宵节又称元夜、元夕。元是开始，在汉字寓意中，元也是善，元还通圆，预示着圆满的生命、圆满的欢欣、圆满的日子。

因此，自古以来人们都会在正月十五的夜晚相聚共赏一年之中的第一轮圆月，

并在明亮的月光下许下对新一年美好的祝愿。文人墨客在皎洁的月光里，伴着嫦娥、玉兔、吴刚、玉桂树交织的美丽传说中，也创作出一个又一个深入人心的佳作。而共赏明月也成了元宵节不可缺少的重要节日习俗。

（二）闹花灯

1.元宵灯俗的起源

（1）西域乐舞百戏——元宵灯俗形成的前提

从《岁时记》与《玉烛宝典》所记看，

隋朝以前的正月十五已经是一个节日，但节俗与灯无关，隋前其他文献也未见有关正月十五灯俗的记载，可见，灯俗并不是前朝流传下来的传统，而是隋唐之际新兴的习俗。

隋朝以前，元宵灯俗尚未形成，最早为灯俗形成提供了可能的，要追溯到汉代时西域传入的乐舞百戏。

汉代张骞通西域后，伴随着汉与西域的经济文化交往日益频繁，喜歌善舞的西域人到了中原，或经商，或从政，或传教，也带来与他们生活密不可分的乐舞活动。翦伯赞在《秦汉史》中写道："汉武时代，是汉代音乐与歌舞的转捩点，正因为这一时代是汉代政治经济的转捩点，自此以后，迄于东汉之末，西域之道畅通，西域的乐曲，不断传入中原，于是在中原地区的音乐中，注入新的乐律，从而又改变了中国古典歌舞的场面。"两汉时，西域的乐器、乐曲和舞蹈、杂技同时流入内地，既大大丰富了中国的乐器、乐曲和舞蹈，也使得汉武帝时传统的角抵戏发展成了节目繁多的百戏。

《隋书》卷二六《柳彧传》有载："窃见京邑，爰及外州，每以正月望夜，充街塞陌，聚戏朋游。鸣鼓聒天，燎炬照地，人戴兽面，男为女服，倡优杂技，诡状异形。"这种大戏又称百戏，内容包括角抵、杂耍、幻术、寻撞、乐舞、徘优、斗兽、马术等表演，其中包含了许多西域艺术。

张衡的《西京赋》和东汉李尤《平乐观赋》都详细描写了汉代百戏演出的盛况。西域乐舞百戏与中原角抵融会贯通，兴盛于南北朝，尤因北朝统治

者多胡戎之主，地接西域，故百戏规模日趋隆盛。

这些在宫中不定时演出的乐舞百戏，后来被老百姓定在了正月十五，之所以后来集中于正月十五，除了与正月节庆活动有关，大概也与十五日月明星稀，便于夜游有关。也正因为在晚上，所以要照明。但这时的灯也单单只是照明的工具，后来为隋炀帝所用，成为他礼佛的工具，从而灯也从幕后走向了台前，成为正月十五夜的主角。

（2）燃灯礼佛——元宵灯俗形成的根本原因

第一次将灯作为正月十五主角的是隋炀帝的《正月十五日于通衢建灯夜升南楼诗》：

法轮天下转，梵声天上来。灯树千光照，花焰七枝开。

月影凝流水，春风含夜梅。幡动黄金

地,钟发琉璃台。

站在楼上,俯视灯夜,不但感受到了旋转不息的法轮,也听到了空中缥缈的梵音,显然,隋炀帝燃灯是为了礼佛。

佛教于东汉时从印度传入中原,南北朝时已经深入人心。隋炀帝礼佛有着极其浓厚的家庭背景。其父隋文帝杨坚就出生于佛教寺庙,并由寺庙里的尼姑养大成人,佛名那罗延,他每日临朝,于御床前,置列高坐二所,一置经师,领转大乘,二置大德三人,通三藏者。其母文帝皇后独孤氏小名伽罗,也是一个虔诚的佛教徒,曾把八十高龄的禅师昙崇迎入皇宫供养,尊以为父,自称师女。她为父亲独孤信特地建了一座赵景公寺。隋炀帝佛名阿麽,受父母的濡染,他亦大力发展

佛教，唐僧道世总结他在佛教方面的功德为："于长安造二禅定，并二木塔，并立别寺十所，官供十年。修故经六百一十二藏、二万九千一百七十二部，治故经十万零一千区，造新像三千八百五十区，度僧六千二百人。"

灯在佛教中有特殊的意义。佛典中"无明"居于"十二因缘"的首位，是造业的根源，三界轮回的种种苦恼都因此而起。人受无明的束缚，犹如处于黑暗之中，精神受到雍蔽，而佛法就如明灯一样，破除无明，驱走黑暗，消除雍蔽，使人眼前豁然开朗。平时的佛教寺庙中，佛前都要供灯。佛陀对燃灯供养的重视，还可以从古佛的名称中窥见一斑，佛寺大殿上供奉的三尊佛像，被称为三世佛，如果是"竖三世佛"，那就是过去世的燃灯佛、现在世的释迦牟尼佛、未来世的弥勒佛，而燃灯佛被认为是释迦牟尼佛的师父。

正是因为灯在佛教中如此特殊的意义，以灯礼佛，隋炀帝选择了一个标志性的物象来表达他对佛的敬意。隋炀帝利用权力将个人行为的燃灯礼佛强制化为大众性的活动，但灯俗后来成为全民性的盛大节日，除了与隋炀帝和后来的帝王提倡佛教有关，还与其固有的文化意义密切相连，灯亦具有驱邪禳灾和求子的功能。这两种功能与正月十五其他习俗的意义一

样，迎合了其时民众的心理，从而使之衍变成了盛大的狂欢节日。

可见，灯原是正月十五举行角抵大戏歌舞百戏时的照明工具，因为灯在佛教中的特殊意义，隋炀帝燃灯礼佛，灯从而从幕后走向了前台，成为正月十五夜娱乐的主角，又因为灯的特有的文化意义迎合了大众的驱邪禳灾和求子的心理，从而灯俗盛行开来。

2.元宵灯俗的发展

元宵节又称"灯夕"，灯，旧时特指农历正月十五元宵节张挂的灯彩。最初的

"燃灯表佛"逐渐发展成为后来的元宵张灯习俗，并在民间流传开来。隋代起，每到正月十五的晚上，无论街头巷尾，家家户户都挂出大小各异、形式不一的花灯。花灯上的内容更是丰富多彩：上面描绘人物的如《三国》《水浒》《西

游记》《封神》等；描绘花卉的如梅、兰、竹、菊、桂花、牡丹、芍药等；描绘动物的如龙、凤、虎、马、牛、猫、犬、虫、鱼、虾等。各种彩灯颜色鲜艳、形态逼真、品种丰富。从正月十三"上灯"开始，市面上就开始有多种不同形式的走马灯，《燕京岁时记》记载："走马灯者，剪纸为轮，以烛映之，则车驰马，团团不休，灯灭则倾止矣。"从这天起，小孩们成群结队，提着灯笼四处游耍，家家户户无不欢天喜地。此

外，隋朝时每逢正月十五都会举行盛大的晚会，以招待万国来宾和使节。隋炀帝为了粉饰太平、显示国力，还于元宵节前后在京城洛阳张灯结彩、日夜歌舞奏乐，表演者达三万余众，奏乐者达一万八千多人，戏台有八里之长，游玩观灯的百姓更是不计其数，通宵达旦，热闹非常。

到了唐代，元宵张灯的习俗更是发展成为盛况空前的灯市。当时的都城长安已是拥有百万人口的世界最大都市，百姓生活富足。在皇帝的亲自倡导下，元宵灯节办得也是越来越豪华。据《开元天宝遗事》

记载："韩国夫人，置百枝灯树，高八十尺，竖之高山，上元夜点之，百里皆见，光明夺月色也！"唐玄宗时的开元盛世，长安城的灯市规模很大，花灯数量众多、种类丰富。皇帝李隆基还命人制作高150尺、广达20间的巨型灯

楼，灯楼悬挂金银、珠玉一类的穗坠，金光璀璨，风吹金玉，叮叮有声，极为壮观。

　　而宋代时的元宵灯会无论规模和灯饰的奇幻精美都胜过唐代，而且活动更为民间化，民族特色更强。宋代时的元宵彩灯制作工艺有了很大程度的提升，巧手的工匠们将灯制作成各种动物形状，还在灯上绘出山水花卉，用灯组成亭台楼阁、屋宇牌坊等，彩灯的造型丰富多样、美轮美奂。而朝廷对于元宵灯会也是愈加重视，

不仅鼓励百姓走上街头观灯，而且灯会的时间也有所延长，由唐代的"上元前后各一日"，延长为"十六之后又两日"。

明清时代，每逢元宵节，除了京城，其他地区如江南苏杭等地也张灯设市，悬卖各式花灯，而猜灯谜这种增添节日热闹气氛的活动更是越来越受到人们的欢迎。到了清代，满族入主中原，宫廷不再举办灯会，但民间的灯会却仍然壮观，而元宵张灯这种节日庆祝习俗也一直延续到今天。

3.丰富的元宵节灯俗活动

（1）闹花灯

在旧时传统社会的氛围中，节日是一项态度严肃、规则鲜明的社会游戏，相对于春节的长夜守静和某些时段的低调欢

庆，元宵节却被人们习惯称为"闹元宵"、
"闹花灯"，可见元宵节热闹、喜庆的节日
气氛。每到正月十五元宵节时，都会呈现出
"一国之人皆若狂"的热烈场景。人们多
能在这时，突破一般意义上的社会规范，
释放被漫长的封建统治压抑已久的自然
天性、艺术才能，家家户户共享节日的喜
庆气氛，热闹团圆。豪放词人辛弃疾曾以
一阕千古传诵的词作称颂元宵盛况："东
风夜放花千树，更吹落，星如
雨。宝马雕车香满路。凤箫
声动，玉壶光转，一夜鱼龙
舞。"

而闹花灯自古以来就
是元宵节必不可少的节日
活动。自从元宵张灯之俗形
成以后，历朝历代都以正月
十五张灯观灯为一大盛事，
时至今日闹花灯仍是元宵节
里的重要庆祝活动。

从最初宫廷、寺庙里的祭祀庆典到后来的家家户户张灯结彩、举国欢庆；从原始的彩灯到后来做工精巧、造型各异的元宵花灯；从起初的挂彩灯、放鞭炮到后来伴随着奇术杂耍、歌舞奏乐的民间灯会……元宵节里闹花灯越来越受到重视，并且闹花灯的形式和内容都得到了极大的丰富。

正月十五月圆之夜，家家户户挂起彩灯，街头巷尾元宵花灯争奇斗艳。人们在这样美好的夜里走上街头，买灯、张灯、赏灯、赛灯，在熙熙攘攘的人群中欣赏、感受节日里的文化和喜庆氛围。抑或是伴着花灯焰火载歌载舞，看舞灯、赏明月，将自己融入到节日的幸福气氛中去。闹花灯，"闹"的就是这份喜庆和对新年美好生活的期盼。

现如今，元宵节灯会更是在祖国各地百花齐放，北京、上海、广州、南京等地，常于元宵节或举办大型灯展，展出全国各地特色彩灯，供人们观赏。而哈尔滨等北方城市更是在元宵节期间举行冰灯展览，用冰雪制作成的彩灯造型生动、形态各异，别具风格。

（2）话灯联

元宵节张灯是我国自古以来的传统习俗。古往今来，不仅有大量脍炙人口的元宵咏灯诗，而且也留下了无数情趣盎然的元宵吟灯联。

相传最早的灯联产生在北宋时期，有一年上元灯节张灯，有个叫贾似道的官员家中有一门客摘唐诗中的诗句"天下三分明月夜，扬州十里小红楼"作门灯联，

这种独创的形式被往来人们纷纷称赞,一时间轰动了京城。此后历朝历代都有人争相效仿这一做法,每逢正月十五便在大门或显眼的柱子上镶挂壁灯联、门灯联。灯联的出现,不仅为元宵佳节增添了节日情趣,也为赏灯的人们增加了欣赏的内容。

自古以来,灯联都为文人墨客、饱学之士所钟爱。在万家灯火、团圆喜庆的元宵之夜,文人雅士往往触景生情,创作出数不清的灯联佳对。而文人和灯联之间也有很多至今仍为人们津津乐道的趣事。

在众多轶事中,最为大家所熟知的当属北宋王安石妙联为媒的故事。相传王安石在20岁时进京赶考,赶考途中路过一地时正逢元宵佳节,当时大街小巷、各家各户都挂起了彩灯。王安石边赶路边赏灯，行至一处见一户人家高悬走马灯，灯下悬一上联曰"走马灯，灯走马，灯熄马停步"，原来这是当地的一大户人家出灯联为家中小姐招亲。王安石见了，思索良久，却一时对答不出，于是他便将这灯联的上联默记心中。到了京城，考试中主考官以随风飘动的飞虎旗出对联"飞虎旗，旗飞虎，旗卷虎藏身"。对联一出便难倒了众人，思考了片刻后，王安石忽然想到来时路上看到的招亲灯联，于是便用此联作答，主考官大为赞赏，王安石遂被取为进士。更巧的是，高中进士后归乡途中路过那户人家，王安石闻知招亲联仍无人对出，便以考试时主考官的出联回对，被招为快婿。就这样，一副巧合灯联，竟成就了王安石人生中的两大喜事。

关于元宵灯联还有另一则

趣事，相传明成祖朱棣元宵节微服出游，途中遇到一位秀才，交谈十分投机。朱棣得知此人为饶有学识的秀才后，便想试试他的才情，正好见街边到处是灯联，便也出一灯联想一试秀才。朱棣出上联，联云："灯明月明，灯月长明，大明一统。"秀才稍加思索立即对出下联："君乐民乐，君民同乐，永乐万年。"联中"永乐"是明成祖朱棣的年号，于是朱棣大喜，赐这位秀才为状元。

古往今来，众多文人雅士创作了数不清的灯联佳作，不仅增添了节日气氛，也为元宵节这一中华民族传统节日增添了浓郁的文化氛围。

（3）赏灯诗

"有灯无月不误人，有月无灯不算

春。春到人间人似玉，灯烧月下月似银。"
正如明代著名才子唐寅所写，正月十五元
宵佳节，街头巷尾彩灯高悬，处处火树银
花。举杯邀月，此情此景，文人墨客怎能不
诗性大发。

因此，自古以来，便有数不清的描写
元宵节热闹景象的诗赋佳作。其中赞美元
宵花灯的诗句更是数不胜数，不仅在当时
为人们赏灯增添了情趣，如今读来也仍是
趣味无穷。

对于元宵节夜晚灯市热闹繁荣的景
象，诗人们向来不吝以美好
的诗句加以描绘。无论是
唐代诗人苏味道《正月十五
夜》中"火树银花合，星桥
铁锁开。暗尘随马去，明月
逐人来"，李商隐"月色灯
光满帝城，香车宝辇溢通
衢"的诗句，还是宋代苏东
坡所写"灯火家家有，笙歌

处处楼"，辛弃疾所赋"东风夜放花千树，更吹落，星如雨。宝马雕车香满路。凤箫声动，玉壶光转，一夜鱼龙舞"，都生动地将元宵佳节灯月交辉、游人如织的热闹场景描写得淋漓尽致。而清代诗人姚元之的《咏元宵节》中"花间蜂蝶趁喜狂，宝马香车夜正长。十二楼前灯似火，四平街外月如霜"的描写更是生动、精彩别致。

除了热闹、喜庆，元宵节也是一个浪漫的节日。传统社会的年轻女孩不允许出外自由活动，过节却可以结伴出来游玩，可以说在封建的传统社会中，元宵节也给未婚男女相识提供了机会，而元宵灯节期间，又是男女青年与情人相会的时机。因此充满诗情和浪漫色彩的元宵节，往往也与爱情联系在一起。在描写元宵节的历代诗词中，就有不少诗篇借元宵抒发爱慕之情。其中最为脍炙人口的便是著名诗人辛弃疾的那首"众里寻他千百度,蓦然回首,那人却在灯火阑珊处"。此外,北宋欧阳修的"今年元夜时,月与灯依旧。不见去年人,泪满春衫袖"等诗作都抒发了对情人的思念之苦。这些描写爱情的诗作,也为元宵节日增添了不可或缺的浪漫色彩。

除此之外,还有很多脍炙人口的元宵灯诗佳作:

元夕于通衢建灯夜升南楼

　　(隋)隋炀帝

法轮天上转,梵声天上来,

灯树千光照,花焰七枝开。

月影疑流水,春风含夜梅,

燔动黄金地,钟发琉璃台。

正月十五日夜

　　(唐)苏味道

火树银花合,星桥铁锁开。

暗尘随马去,明月逐人来。

游伎皆秾李,行歌尽落梅。

金吾不禁夜，玉漏莫相催。

上元夜

（唐）崔液

玉漏铜壶且莫催，铁关金锁彻夜开。

谁家见月能闲坐，何处闻灯不看来。

十五夜观灯

（唐）卢照邻

锦里开芳宴，兰红艳早年。

缛彩遥分地，繁光远缀天。

接汉疑星落，依楼似月悬。

别有千金笑，来映九枝前。

正月十五夜灯

（唐）张祜

千门开锁万灯明，正月中旬动地京。

三百内人连袖舞，一进天上著词声。

青玉案 元夕

（宋）辛弃疾

东风夜放花千树，更吹落，星如雨。

宝马雕车香满路，凤箫声动，玉壶光转，一夜鱼龙舞。

蛾儿雪柳黄金缕，笑语盈盈暗香去。

众里寻他千百度，蓦然回首，那人却在灯火阑珊处。

（4）猜灯谜

灯谜是中华传统文化中的一枝小花，古代称之为庾辞，又称隐语。也就是说，要将一件事告诉对方，出于某种需要，不直接说出来，而是换另外一种说法，促使对

方考虑，从而构成"谜"。作为一种富有讥谏、规戒、诙谐、笑谑的文艺游戏，猜灯谜自古便是元宵节里不可缺少的一项重要活动。

猜灯谜又叫"打灯谜"，最早的灯谜，是由谜语发展而来的。

谜语悬于灯上，供人猜测，最早始于宋代。宋代先后有北南两个都城，即汴梁城(今开封市)和临安城(今杭州市)。每到元宵节来临，人们在闹市搭棚挂灯。好谜者将谜写在灯壁上，张于灯市，供人观赏猜测，人们自然就叫它灯谜了。以后每逢元宵佳节，人们在赏灯的同时都会以猜灯谜为乐趣。有人出谜，有人猜，天文地理、百姓杂陈无不包含其中，火树银花的元宵灯会好一派热闹景象。南朝文学理论家刘勰曾在《文心雕龙》中提到：谜应是"义欲婉而正，辞欲隐而显"，这十个字是对古代隐语实质的评定，也是后来形成的"谜"之神髓所在。由于猜灯谜有相当的难度，"灯虎""文虎"的名称也应运而生。近代灯谜虽不再写在灯上，但这种文化娱乐形式的名称却保留到现在。如今每逢元宵节，各个地方都打出灯谜，希望新的一年平平安安、充满喜气。因为谜语能启迪智慧又饶有兴趣，所以流传过程中深受社会各阶层的欢迎。不过现如今灯谜这个称呼似乎已是名不副实了，现代灯谜是书写在纸条上，悬于厅内任人猜测。

"灯谜"是作为一个被赋予特定含意的

固定名称随着这种特定的文化娱乐形式保留下来的。

严格说来，灯谜和谜语是有所区别的。

一般来讲，谜语猜的是形象，而灯谜猜的是字义。所以说灯谜是文义谜，猜灯谜须具备一定的文化知识，灯谜与谜语的最大区别也就在这里。灯谜是利用汉字音、形、义的变异，通过作者奇异的构思和巧妙地搭配，构成趣味文字游戏。

灯谜的基本结构包括谜面、谜目、谜底三部分。特殊情况下，有的谜没有谜目，还有的谜附加谜格。

谜面

谜面又称作谜题。它是一则灯谜的主要组成部分，也是猜谜和检验谜底正确与否的主要依据之一。出灯谜人在谜面文字中隐含谜底的意思或字，这是灯谜作者给猜谜人公开的条件，可暗示或提供必要的线索等。因此猜谜人一定要先将谜面文字的多重含义搞清楚，然后通过思维上的迅速转换，从而揭示谜底。

谜面文字包括单字、词汇、成语、历史故事、民间传说、诗词歌赋等。这就要求猜谜人具备相应的理解谜面文字内涵的基本能力。

谜目

谜目是灯谜作者为猜谜人指定的猜测范围。它的表现形式常常是"打一字""唐诗人""成语"等。

灯谜的谜目说得夸张一些，是小百科的目录，包括的内容十分广泛，如字、词、语句、天文地理、古今中外、衣食住行、财政金融、教育环保

等等，无所不包，可以这样说，辞海中的分类，在灯谜中都有所反映。有的谜目中还标有数量。如"故事片名二""法律名词三""民族名称四"等等。这样不仅要求按数量猜出，另外还要将这个谜底的两个或两个以上部分按顺序连缀成完整的意思与谜面扣合，方能显示灯谜的趣味性。如"珠峰映雪"它的正确谜底必须是"高山、满、白"，若是猜"高山族、满族、白族"，就全错了。一是先前谜目中已标出"民族名称"，更重要的是谜底中的"族"字在谜面文字没有任何提示，仅隐含着"高山、满、白"的意思，所以只有这唯一的谜底才对。

灯谜谜目所标的猜测范围，可以考察猜谜人知识面和文化基础知识水平。

谜底

一则灯谜的谜底在同范围、同数字内应只有一个。谜底对否要用谜面文字隐含来检验，它是猜谜人冥思苦想寻求的结果。也可以用"答案"来替代，但绝不是谜面文字的解释。

千百年来，猜灯谜已经成为增加元宵节节日气氛必不可少的一项活动，而一条条含义深刻、构思巧妙的灯谜也同样为人们所津津乐道。

（三）大话元宵

1.元宵史话

在传统的元宵佳节里，无论大江南北，人们都喜欢全家齐聚，围坐在一起品尝吉祥之食——元宵，圆圆的元宵象征着丰收和

睦的日子如环无端没有尽头。

相传在春秋末年，楚昭王在归家途中发现江中飘浮着一白色圆物，船工捞起后献给他品尝。昭王剖开后见其瓣红如胭脂，香味扑鼻，食之，味道甘美。便问左右大臣此是何物，大臣中无人知晓。昭王心中不乐，遂令人请教孔子。孔子见此物，说道："此为浮萍果也，得之者主复兴之兆称。"此时正值正月十五，楚昭王心中大喜，便令人以后每年的这一天都用面粉仿制此果煮熟食之，以图圆满吉祥。从此，正月十五吃元宵便流传至今。

唐朝的元宵节食是面蚕。王仁裕的《开元天宝遗事》记载："每岁上元，都人造面蚕的习俗到宋代仍有遗留，但不同的应节食品则较唐朝更为丰。"吕原明的《岁时杂记》记载："京人以绿豆粉为科斗羹，煮糯为丸，糖为臛，谓之圆子盐豉。捻头杂肉煮汤，谓之盐豉汤，又如人造蚕，皆上元节食也。"到南宋时，就有所谓"乳糖圆子"的出现，这应该就是元宵的前身了。

宋代时，正月十五元宵节吃元宵的做法习俗已经较为普遍。元宵最早又被叫做"浮圆子"，生意人还美其名曰"元宝"。宋代周必大的《元宵煮浮圆子诗》是我国最早描绘元宵的诗：

今夕知何夕，团圆事事同。

汤官寻旧味，灶婢诧新功。

星灿乌云裹，珠浮浊水中。

岁时编杂咏，附此说家风。

周必大是南宋孝宗时大臣，平时整肃军政，励精图治。这首短诗里已经流露出他举碗盼望全国人民团聚的思念，连灶下生火的丫头都为大家煮食汤圆时浸沉

在思念故乡那种深沉的情绪里感到诧异。

吃元宵，忆亲人，这个习惯就延续至今。

明朝时，"元宵"的叫法已十分普遍。刘若愚的《酌中志》记载了元宵的做法："其制法，用糯米细面，内用核桃仁、白糖、玫瑰为馅，洒水滚成，如核桃大……"

清朝康熙年间，御膳房特制的"八宝元宵"是闻名朝野的美味。马思远则是当时北京城内制元宵的高手。他制作的滴粉元宵远近驰名。符曾的《上元竹枝词》云："桂花香馅裹胡桃，江米如珠井水淘。见说马家滴粉好，试灯风里卖元宵。"诗中所咏的，就是鼎鼎大名的马家元宵。

时至今日，元宵已经成为正月十五元宵节这一天百姓餐桌上必不可少的象征幸福、团圆的节日食品。

2.元宵与汤圆

关于"元宵"，有一段和袁世凯有关的民间传说：

相传，窃国大盗袁世凯篡夺了辛亥革命成果后，一心想复辟登基当皇帝，又怕人民反对，终日提心吊胆。一天，他听到街上卖元宵的人拉长了嗓子在喊："元——宵！"觉得"元宵"两个字谐音"袁消"，有袁世凯被消灭之嫌，联想到自己的命运，于是在1913年元宵节前，下令禁止称"元宵"，只能称"汤圆"或"粉果"。然而，老百姓不买他的账，"元宵"两字并没有因他的意志而取消，

照样在民间流传。

故事里提到了元宵的另外一种叫法——汤圆。

由于正月十五这一天被称作"元宵节",因此,人们习惯于说这一天全家团圆吃元宵。严格来讲,元宵和汤圆是有所区别的。由于地域差别,北方人常吃的元宵和南方的汤圆无论是制作工艺和馅料、口味都有所不同。

一般来讲,北方常吃的是元宵。北方做的元宵,是以馅为基础制作的。先拌馅料,和匀后摊成大圆薄片,晾凉后再切成均匀的小四方块。然后把馅块放入像大筛子似的机器里,倒上江米粉,机器就"筛"起来了。随着馅料在互相撞击中变成球状,江米也沾到馅料表面形成了元宵,俗称"摇元宵"。做成的元宵江米粉层很薄、表面是干的,下锅煮时江米粉才吸收水分变软。

南方的汤圆做法则完全不同，区别在于北方"滚"汤圆，而南方是"包"汤圆。包汤圆与包饺子有些类似，先像包饺子和面一样把糯米粉加水和成团，放置几个小时让它"醒"透。然后把做馅的各

种原料拌匀放在大碗里备用（不须像做元宵那样切成小块）。汤圆馅含水量比元宵多，这也是二者的区别之一。包汤圆的过程也与包饺子十分相似，但不用擀面杖。湿糯米粉黏性极强，只好用手揪一小团湿面，挤压成圆片形状。用筷子（或薄竹片状的工具）挑一团馅放在糯米片上，再用双手边转边收口做成汤圆。做得好的汤圆表面光滑发亮，有的还留一个尖儿，像桃形。汤圆表皮已含有足够的水分，很黏，不易保存，最好现做现吃。时至今日，随着速冻

工艺的出现，速冻汤圆也常出现在百姓的日常餐桌。

3.元宵的吃法

近千年来，元宵的制作日渐精致，元宵的种类也丰富多样。光就面皮而言，就有江米面、黏高粱面、黄米面等，馅料的内容更是甜、咸、荤、素，应有尽有。甜的有桂花白糖、山楂白糖、什锦、豆沙、芝麻、花生等，咸的有猪油肉馅，素的有芥、蒜、韭、姜组成的五辛元宵等。此外，具有地方特色的北京元宵、宁波猪油汤圆、苏州五色汤圆、上海擂沙汤圆、四川"心肺"、海南鸡屎藤汤圆等都因其独特的制法和口味而广受欢迎，成为元宵节必不可少的节日食品。

元宵较常见的吃法有煮食、炸食等。

煮食元宵是最常见的一种吃法，先将

锅中多放些水，水烧开后将火调小，见水面有轻微的滚动时，便可将元宵下到锅里，文火煮10分钟后，元宵松软了即可起锅食用。

炸食也是元宵的一种较常见吃法。先将元宵煮熟，晾凉，然后再炸，就不会炸崩了皮，并且也油。如果炸生元宵，最好先放在鸡蛋清里滚一下，再放到油锅里炸，这样既安全又能使炸出的元宵带有鸡蛋的香味。炸元宵时，需要不停地翻动，以免炸得不均匀。

除此之外，还可以将元宵改制成汤圆食用。将买来的元宵掰开，取出馅，再将掰碎的元宵皮掺点水和成面，把取出来的馅一个个地用面包上，揉圆。这样改制的元宵容易煮，吃起来黏软可口，很像南方的汤圆。

如今，每逢元宵佳节，很多人家早已备上元宵，一顿吃不

完，甚至连续几天都是餐桌上的"常客"，早餐、加餐甚至夜宵都少不了。热滚滚、香喷喷的元宵固然美味，但吃元宵也要讲究科学吃法。俗话说过犹不及，其实说起吃元宵来也是一样。

从营养学来看，糯米皮加上豆沙、芝麻、枣泥、花生等甜馅或鲜肉、菜肉等咸馅，都是高糖分、高热量的非健康食品，因此，元宵不宜作为早餐食用。此外，馅儿大皮儿薄的元宵固然美味，但每次吃个一二两也就足够了。随着元宵种类日趋丰富，元宵的吃法更是多种多样，一些食材更为丰富、造型更加精美的创意元宵也越来越受到人们的喜爱。

（四）其他习俗

除了赏明月、闹花灯、吃元宵，民间每逢元宵节还有许多的节俗以及庆祝活动。除了在新年的第一个月圆之夜欢庆团圆、共度佳节之外，元宵节的习俗里也包含着人们驱邪禳灾、求子祈福等美好愿望。

1.各地元宵节习俗

北京市

老北京城里最热闹的节日不是春节，而是元宵节。每逢元宵佳节，从农历正月十三到正月十七，北京的老百姓要整整热闹五天五夜。在众多的节日庆祝活动中，最重要的活动便是赏灯。明清时期，元宵节的灯市已遍布整个北京城。元宵夜，街

道两旁彩灯高悬，家家户户挂上绢纱、烧珠、明角、麦秸、通草制成的各式花灯，供人观赏。而元宵夜的夜市也是热闹非凡，上至珠宝玉器，下至日用百货，品种繁多，一应俱全。因此元宵佳节逛夜市、赏花灯成了北京沿袭至今的习俗。现如今，每逢正月十五，王府井等夜市依旧热闹非凡，节日气氛浓郁。

河北省

在河北省的一些地区流行着元宵节占卜祈求去病消灾的传统习俗。在永平府，正月十五这一天有病的妇女会群聚窑下，共同祈求新的一年疾病消除，这种习俗被称作"陶灸"。除此之外，还有一些传统的民间占卜方式，如有人将稍大些的一张纸裁剪为九条纸绳，信手打结以占卜吉凶，俗称"结羊肠";另有一些地方将十二个面盏贮油放入锅中蒸熟，以面盏积水的多少来预测该月的晴雨。

河南省

元宵节"走百病"的习俗在河南比较盛行，每到正月十五元宵夜，老幼有病者，皆以火灸石龟。若本地有河

桥的，则众人相伴过桥。若无桥，则要用木板搭出数丈高的"天桥"并从上面走过。当地人相信这一传统习俗能够去病消灾，因此元宵节"走百病"在河南一些地区至今仍比较流行。此外，当地还有嫁出去的女儿回娘家过元宵节的传统习俗。

山东省

山东省的滨州地区盛产大枣，因此该地元宵节就有照灯的习俗。元宵夜里，男

孩子要提着灯，绕枣树六圈，并同时在口中念叨"嘟佬嘟佬，开花结枣"，家中的枣树来年便能大丰收。

而日照地区特有的传统习俗是男女老少都要在正月十六这一天到野外踏青，当地人称之为"走老貌"，据说每年走一次可以永葆青春。

一些临水地区的人家在正月十五元宵夜里这天多放河灯，以求来年的幸福平安。

山西省

挂花灯，是山西人民欢庆元宵节的重要习俗之一。每逢农历元宵节来临之时，当地的家家户户都挂起各式各样的彩灯，从正月十四到正月十六，彩灯每晚都亮着，花灯形形色色、异彩纷呈，将大街小巷装扮得火树银花、富丽辉煌。

除此之外，放焰火、逛灯展、踩街等

元宵节俗也深受山西人民喜爱。元宵夜全家走上街头，逛热闹的灯盏，看美丽的焰火，欣赏花样繁多的古老乐曲、八音会、古装戏，热闹的传统习俗为节日增添了无限喜庆。

安徽省

安徽省淮南市在元宵节里的庆祝活动充满了独具特色的淮河风情。在淮河两岸，过去有"正月十五大似年"的说法。由于年初一到初三这三天，人们忙于辞旧迎新、探亲访友，顾不上吃顾不上玩，因此元宵节才是一年中年味最浓的时刻。临近元宵佳节的几天里，淮南地区各种民俗文艺表演一场接着一场，扭花鼓灯、耍龙灯、狮子滚绣球、高跷、抬阁、花棍、花灯、伞灯、旱船等多彩多姿、具有当地浓厚民俗特色

的表演，把新年的气氛推向了高潮，也给当地的家家户户带去喜庆。

阜阳市最具特色的当属阜阳灯会，自隋唐开始，每逢农历正月十五，阜阳当地群众都会自发地把自己扎制的花鸟虫鱼兽灯、十二生肖灯等各种不同造型的彩灯悬挂在自家门前，此外，元宵灯会期间还会表演舞蹈、曲艺，唱具有当地特色的大戏更是必不可少。最精彩的要数一台或两台以上的戏对唱，人称"戏台戏"。到了明代，阜阳灯会更加盛行，人们在这一天还要燃放焰火助兴，场面好不热闹。正是阜阳当地劳动人民在长期的生产和生活实践中，不断发展创造，形成了独具特色的群众节日民俗文化。

陕西省

正月十五这一天，出嫁的女子要带上丈夫一块儿回娘家吃元宵过节，当地人称之为"吃十五"。

此外，当地还有送灯的习俗。从正月初五起，开始送灯活动。主要是舅父给外甥送灯，俗话说"外甥打灯笼——照旧（舅）"。另外还有干爸给干女儿送灯的。灯的式样很多，有宫灯、莲花灯、盆灯、羊灯、鱼灯等，还有各式各样的花鸟灯。一般送一对灯笼、十根蜡烛、十根麻花，连送十二年。孩子接到灯后，每晚打灯，成群

结队地玩耍嬉闹，直到正月十四、十五、十六。这三天的"玩灯"叫做"闹灯"。

陕西扶风一带还流行元宵"挂坟灯"的习俗，每年农历正月十五夜里，家家户户的孝男孝孙在自家的祖坟上悬挂一盏红灯。挂灯前要烧纸焚香，设立香案，供献贡品，家中人跪拜，祭奠一番，以慰先人在天之灵，祈求新年全家平安。

江西省

江西当地有一种习俗是在元宵节时制作"稻草龙"，即用稻草扎成龙的形状，并在龙身的每一截都插满香火。稻草龙由小孩抬着到各户灶前和猪舍牛栏去舞，祝贺合家平安、六畜兴旺。而稻草龙舞到哪家，哪家就要给红包，小孩得欢乐，主人求吉利。

此外，新建地区正月十五这一天流行

祭祖扫墓，并有插竹为灯的习俗。

湖南省

湖南常德地区家家户户在元宵节时习惯食用一种叫"时汤"的节日食品，即以椒为汤，加入韭菜等食材，并用"时汤"款待客人。

新田地区正月十五舞龙灯，且当地有一种习俗，即游完龙灯后，要将龙灯付之一炬，称为"送灾"。

湖北省

湖北武昌地区元宵节盛行"弄龙"，即舞龙，元宵节前便开始，要连舞三天。而全

村的男女老少都跟随龙灯到邻村赴宴，当地人称之为"龙换酒"。

云梦县（今汉江地区）流传着"照绝地蚕"的元宵节俗，即正月十五夜里，老农夫手持火把偏照田圃，以祈求新的一年无灾无害，庄稼丰收。

广东省

灯火在祀神礼节中是作为光明喜乐的象征。从正月十一到正月十八，特别是元宵节当日，广东大部分地区有点灯、吊灯的习俗，当地人认为点灯即添丁的佳兆。元宵节当天，人们纷纷提着灯笼、备齐纸银香烛，到乡中神庙点火，回来分别吊在家里的龛和床头，这叫做"吊喜灯"。此外，如果去年元宵节以后生了男孩子，农历正月十三起家人就必须挑起一对红灯笼，并在灯屏下贴着红纸写上姓名，欢天喜地

挂到乡中宗族祠堂的灯架上，以此象征家中添了丁。

除此之外，广东部分地区还有做丁桌、求喜物、掷喜童等与求子有关的元宵节俗。

2.少数民族元宵节习俗

农历正月十五，除了汉族之外，中国从北到南、从东到西，还有16个少数民族与汉族同过传统元宵佳节，其中包括满族、朝鲜族、赫哲族、蒙古族、达斡尔族、鄂温克族、鄂伦春族、回族、锡伯族、藏族、纳西族、瑶族、畲族、布依族、黎族和仡佬族。

赏灯欢乐是元宵节时华夏大地上的共同主题，但不同民族不同地域的习俗也不尽相同。

朝鲜族把元宵节称为"上元节"。过节时，人们要去先辈坟前送灯，还要在院内、院门旁挂灯，有的还到河里放灯船。此外还有"挑福水""吃五谷饭""吃固齿糖""喝聪耳酒""跳民俗舞蹈""踏桥"等习俗。其中，"挑福水"是妇女在清晨头顶瓦罐到水井旁或河边，把映入水中的月亮"舀"上来，装进容器中。因为她们认为这样的吉祥之水会给全家祈福消灾，特别能使当年庄稼丰收；而"踏桥"是迎着月亮在家附近的桥上往返数次，据说这样当年可康宁无祸。

满族人较重内亲，过去元宵节时有舅

舅给外甥糊灯
笼的习俗。这
不仅显示出
舅舅的手艺，
也拉近了与晚
辈间的距离，
故民间有歇
后语称"外甥

打灯笼——照旧（舅）"；此外还有"走百
病"和"照贼"的习俗。"走百病"即妇女
们三五成群在冰上或空地上行走，嬉戏欢
闹，希望以此摆脱晦气。而入夜手提红灯
笼照遍屋内庭院各处，称为"照贼"，是
为祈求家宅平安。满族孩子在元宵节这一
天还和锡伯族孩子一样玩"抓子儿"的游
戏，一群孩子坐在炕头，玩用猪、羊、鹿等
动物膝骨制成的玩具，既锻炼了手的灵
活性又开发智力，同时也增添了节日的喜
庆气氛。

　　锡伯族在元宵节这天也在家张灯结

彩，摆酒席，吃元宵。但正月十六这天仍要延续过节，称为"抹黑节"，因为传说这天"五谷之神"要下凡巡视。为了祈求"五谷之神"不要把墨穗病传到人间，庄稼来年能有一个好收成，这天人们起得很早，带上抹过锅底的黑灰布，外出在街头，伺机抹黑街上人，不相识的陌生人也躲不过，以相互抹黑取闹。这种既是祈求上苍保佑国泰民安、丰衣足食，又融合了娱乐性、体育性的活动逐渐发展成为锡伯族特有的元宵节俗。

藏族在藏历正月十五这一天要举办酥油花灯节。正月十五这天晚上，拉萨八角街四周摆满了五彩酥油堆塑成的各种花卉、人物、鸟兽等图案的酥油花灯。各寺院的僧人及民间艺术家用本地生产的酥油和色彩，制作出精美多姿的酥油花盘及各种姿态的供奉天女，加上精细的灯架，玲珑剔透。人们还利用酥油花灯再现出各种神话故事及其中的人物、花鸟和景象，有的连屏成片，像立体的连环图一样。精彩的图景、多姿的花灯吸引着人们狂欢起舞、彻夜不眠。

此外，正月十五这一天，布依族在逝去亲人坟茔的四周点灯以祭祀亲人；黎族全家老少齐聚，杀鸡共同享用美味家宴……少数民族的特色元宵节俗也为热闹的节日增添了喜庆气氛，丰富了中国传统的节日文化。

三、元宵节与唐宋文学作品

从最初的宗教祭祀活动，到后来全民欢庆的传统佳节，元宵节向来受到文人士子的青睐，因此描写元宵节的文学作品数量繁多，而其中最具有代表性的当属唐宋时期。

（一）元宵节与史传、小说

"当一种风俗衰退的时候，它肯定要

遭受含义偏差之苦，就像圣者纪念日变为粗俗的娱乐日一样。"唐宋时，元宵节的本来意义逐渐模糊，宗教色彩逐渐消减，游戏娱乐成分增加，逐渐从祭祀性、巫术性的节日向娱乐性的节日转化。逐渐发展、丰富的元宵习俗对唐宋史传、小说的创作起到了十分重要的促进作用，而众多的文学作品也鲜活地呈现了唐宋时期元宵节的热闹景象。

孟浩然《九日龙沙作，寄刘大慎虚》诗云："风俗因时见，湖山发兴多。"其《卢明府九日岘山宴袁使君、张郎中、崔员外》又云："登临今古用，风俗岁时观。"这两首诗都是孟浩然在重阳节留下的作品，它告诉我们在节日里最易窥见民俗风情，引起作家的创作兴致。新春伊始的元宵佳节也是如此，闪烁的彩灯，震天的歌舞和富

于民间风情的迎紫姑等习俗无不给创作者以灵感，所以，唐宋文学作品中几乎处处可以看到元宵节的影子。

唐代有宵禁制度，《新唐书·马周传》云："先是京师晨暮传呼以警众，后置鼓代之。"每到夜晚，鼓声一响，上至朝廷官吏，下至市民百姓都必须返回各自住宅，有着百万人口的长安城顷刻间车马匿迹，"六街鼓歇行人绝，九街茫茫空有月"。

只有执金吾率街使于各街巡逻。宵禁虽严，但元宵节前后几夜，却特许弛禁，放三夜花灯，称之为"放夜"。《雍洛灵异小录》记："唐朝正月十五夜……灯明如昼，山棚高百余尺，神龙以后，复加俨饰，士女无不夜游，车马塞路。"甚至有的人被挤得悬空而起，"有足不踢地浮行数十步者"。但文献中不见高祖和太宗时元宵夜大肆行乐的记载，可以推测李唐刚建时高祖与太宗并没有大力提倡元宵行乐。

唐时元宵夜鼎盛时期是在唐中宗李显登基以后。《大唐新语》卷八："神龙之际，京城正月望日，盛饰灯影之会。金吾弛禁，特许夜行。贵游戚属，及下隶工贾，无不夜游。车马骈阗，人不得顾。王主之家，马上作乐，以相夸竞。文士皆赋诗一章，以

纪其事。作者数百人，惟中书侍郎苏味道、吏部员外郭利贞、殿中侍御史崔液三人为绝唱。"《旧唐书》卷七《中宗本纪》："四年春正月乙卯，于化度寺门设无遮大斋。丙寅上元夜，（中宗）帝与皇后微行观灯，因幸中书令萧至忠之第。是夜，放宫女千人看灯，因此多有亡逸者。""丁卯夜，又微行看灯。"

　　唐代睿宗、玄宗时上元盛景与中宗时比起来又更胜一筹，同是《旧唐书》卷七《中宗本纪》第七记："上元日夜，上皇御安福门观灯，出内人连袂踏歌，纵百僚

观之，一夜方罢。"《朝野金载》卷三："睿宗先天二年正月十五、十六夜，于京师安福门外作灯轮，高二十丈，衣以锦绮，饰以金玉，燃五万盏灯，簇之如花树。宫女千数，衣罗绮，曳锦绣，耀珠翠，施香粉。一花冠、一巾帔皆万钱，装束一妓女皆至三百贯。妙简长安、万年少女妇千余人，衣服、花钗、媚子亦称是，于灯轮下踏歌三日夜，欢乐之极，未始有之。"这样还不够，同年二月又要燃灯。睿宗时制作灯轮，玄宗时出现了灯树，灯楼。《朝野金载》卷三中即对当时的灯树有详细的描述。可以想象，高二十丈，悬万盏灯，以金玉锦绣装饰的灯树是何等辉煌的景象！《明皇杂录》逸文记：唐玄宗时有南方巧匠毛顺，善于巧思设计，以缯采结为灯楼，这座灯楼广达二十间，高达一百五十尺，灯楼上悬挂着

珠玉，金银穗，微风吹来，金玉铮铮作响。灯上又绘龙凤虎豹，作腾跃之状，栩栩如生。整个灯楼设计可谓巧夺天工！皇帝提倡，就会上行下效，皇亲国戚也竞相夸富斗奇。《开元天宝遗事》记：杨贵妃之兄杨国忠的子弟，"每至上元夜，各有千炬红烛，围于左右"；而杨贵妃的大姐韩国夫人更别出心裁，制作百枝树灯，高达八十尺，将其"树之高山，上元夜点之，百里皆见，光明夺月色也。"

上元夜除了看五彩斑斓的灯，灯下还有乐舞百戏。《旧唐书》卷三《睿宗本纪》

记睿宗出内人连袂踏歌，纵百僚观之，一夜方罢。《朝野佥载》记唐玄宗让宫女以及从万年县选来的民女"于灯轮下踏歌三日夜，欢乐之极，未始有之"。张说有《十五日夜御前口号踏歌词二首》就生动描述了兴庆宫前观灯歌舞的盛况。另外，唐时上元日还有以面茧占卜官位的习俗，《开元天宝遗事》记："都中每至正月十五日造面茧，以官位帖子卜官位高下或赌，筵宴以为戏笑。"

五代两宋，元宵节热闹依旧。《旧五代史》卷七《太祖本纪》：乾化二年正月，宣"上元夜，任诸市及坊市各点彩灯，金吾不用禁夜"。卷四八《末帝本纪下》："乙巳，以上元夜京城张灯，帝微行置酒于赵延寿之第。"卷七七《高祖本纪》："壬戌，

是夜以上元张灯于京城, 纵都人游乐, 帝御太宁宫门楼观之。"卷八十《高祖本纪》: "是日上元节, 六街诸寺燃灯, 御乾明门观之, 夜半还宫。"看来, 元宵行乐并没因世事动乱、朝代变迁而有所改变。

两宋, 元宵行乐在前代的基础上又有所发展。《曲洧旧闻》卷七: 宋"上元游玩之盛, 冠于前代也"。首先, 宋代元宵节放灯时间延长了。唐时是上元前后各一日, 即十四、十五、十六日, 宋代又增加了十七、十八两日。从何时延长, 说法不一。《谈

苑》说太平兴国三年，吴越王钱俶献其所据的两浙十三州土地归宋，"钱氏纳土进钱买两夜，今十七十八夜是也"。赵令畤《侯鲭录》也持此说。但《铁围山丛谈》卷一记："上元张灯，天下止三日，都邑旧亦然。后都邑独五夜，相传吴越钱王来朝，进钱若干买此两夜，因为故事，非也。盖乾德间，蜀孟氏初降，正当五年之春正月，太祖以年丰时平，使士民纵乐，诏开封增两夜，自是始。开宝末，吴越国王始来朝。"《燕翼诒谋录》卷三也持此说。南宋六夜灯，《帝京景物略》卷二《灯市》："上元六夜灯之始南宋也。"理宗淳祐三年，请预放元宵，自十三日起，巷陌桥道，皆编竹张灯。但风流天子宋徽宗还嫌时间不够，《宋史》卷一一三《礼志》记：政和五年，他下诏从十二月二十九日就开始在景龙门"预为元

夕"，大放花灯，其目的在于"欲观民风，察时态，粉饰太平，增光乐国"。

宋时，不仅元宵行乐时间延长，灯的规模和制作前代也难以企及。宋代流行一种叫鳌山的灯景。鳌山之名，取于神话故事，传说海上有巨龟背负神山，后世模仿其形，将许多彩灯扎架而起，谓之鳌山，又称灯山、彩山。孟元老《东京梦华录》记宋东京的元宵节盛况：年前冬至时就开始"绞缚山棚"，到了元宵节，"两廊下奇术异能，歌舞百戏，鳞鳞相切，乐声嘈杂十余

里"。"金碧相射，锦绣交辉。"灯山彩绘神仙故事，皇宫里的灯山更是奇妙。"彩山左右，以彩结文殊、普贤，跨狮子白象，各于手指出水五道，其手摇动。用辘轳绞水上灯山尖高处，用木柜贮之，逐时放下，如瀑布状。"这恐怕是我国最早的人工喷泉技术了。"又于左右门上，各以草把缚成戏龙之状，用青幕遮笼，草上密置灯烛数万盏，望之蜿蜒如双龙飞走。自灯山至宣德门楼横大街，约百余丈，用棘围绕，谓之'棘盆'"。当时皇帝观灯还形成了一定的仪式，十四日开始放灯，皇帝车驾幸五岳观，十五日驾诣上清宫，十六日纵万姓游赏，收灯后都人出城探春。宋代皇帝为表示自己是与民同乐，还喜欢对元宵观灯者予以赏赐。宋神宗熙宁年间上元夜，宣仁太后在御楼观灯，给张灯多者赏绢一匹，少者也赏赐乳糖狮子两个。宋徽宗尤其大方，每年上元夜，亲自上宣德楼观灯并赏酒，每个在楼下仰瞻圣颜的仕女都能获得御酒一杯。

皇帝的提倡以及他对张灯者的赏赐，无疑都大大推动了元宵行乐之风。宋时，从京师到民间都有专门的灯市。《武林旧事》卷二："天街茶肆，渐以罗列灯球者求售，谓之灯市。"

除了唐时流行的歌舞百戏和迎紫姑，宋时的元宵习俗还有猜灯谜。即将谜语贴在花灯上，人们一边观灯，一边猜谜，元宵节成了比拼智力的好机会。

传柑也是宋代元宵节流行的一种活动。苏轼有诗："老病行穿万马群，九衢人散月纷纷。归来一点残灯在，犹有传柑遗细君。"并作注："侍饮楼上，则贵戚争以黄柑遗近臣，谓之传柑，盖尚矣。"

可见，唐宋史传和小说中关于元宵节的文献资料丰富，这一方面说明元宵节在唐宋已经成为全民性的盛大节日，一方面说明元宵节作为创作的触媒，已经成为文人笔下最常见的题材之一。

（二）元宵节与诗词

习俗是人们生活的基本模式，诗词是人们对生活的咏唱，所以元宵习俗进入诗人词人的视野也是必然的，唐诗宋词也展现了缤纷多彩的元宵习俗。

在唐代，由于元宵节的盛行，描写元宵节的诗作也是十分多见。与其他节俗相比，描写元宵节的诗作有其独特性：即广泛的参与性和极度的狂欢性。让我们先看几则记载唐人广泛参与元宵狂欢的资料：

美人竞出，锦障如霞；公子交驰，雕鞍似月。同游洛浦，疑寻税马之津；争渡河桥，似向牵牛之渚。实昌年之乐事，令节之佳游者焉。(长孙正隐《上元夜效小庚体同用春字(并序)》)

谁家见月能闲坐，何处闻灯不看来。(崔液《上元六首》之一)

开元元年春，正月十五夜，开门燃灯，大酺合乐。太上皇与玄宗皇帝御门楼临观，以夜继昼。凡月余而罢。(王维《奉和圣制正月十五夜燃灯继以宴应制》序)

仙客开金箓，元辰会玉京。(张仲素《上元日听太清宫步虚》)

凤城连夜九门通，帝女皇妃出汉宫。(袁不约《长安夜游》)

在唐人看来，一年到头平淡无奇、缺少情趣的日子真是

太多了，他们就要用各种各样的节日走出平凡、打破庸常，制造气氛，掀起高潮，并从中获得乐趣。在新春伊始的元宵佳节，他们要暂时忘却生活的艰难辛酸及一切烦恼和不如意，暂时抛开现实中官民分野、利害冲突，在节日喜庆所缔造的有限时空和文化氛围中，尽情地玩乐，尽情地享受，享受他们平日所不能享受的一切。帝王后妃走出皇宫是为了寻觅平日没有的自由，平民百姓、文人士子甚至和尚道士与从无机会外出寻欢的宫人女子、良家妇人，这一夜在街头可以"无问贵贱，男女混杂，淄素不分"地尽情玩乐，这更是一种身心的解放，是他们内心极端渴望却难以得到的自由。节日狂欢给所有的人提供了一个机会，让他们舒泄郁积于体内和心灵深处的欲望和能量，让他们进入忘我之境，却因此而发现自我，体验到人之为人的存在，品尝到人之为人的滋味。经过这"以秽嫚为欢娱，用鄙亵为笑乐"的三天，人们的体力和心灵都得到了平衡，社会生活遂得以在正常轨道上继续运行下去。总之，在正月十五这一喜庆的日子里，各种各样的人走出原有的束缚，来到辉煌的灯火之下，释放自己的心绪，从而构成一幅多姿多彩的画面。

　　唐代元宵诗的创作层面比较广。帝王有玄宗李隆基的《轩游宫正月十五夜》和文宗李昂的《上元日二首》。前者表现巡行途中"路逢三五夜，春色暗中期"的喜悦心情，而后者"不爱仙家登真诀，愿蒙四海福黔黎"，贵为天子能在狂欢之日想着普通百姓，也算是非常难能可贵的。当然，唐代元宵诗的创作主体还是那

些文人士子, 他们通过自己的生花妙笔描绘了一幅幅栩栩如生的狂欢图:

火树银花合, 星桥铁锁开。

暗尘随马去, 明月逐人来。

(苏味道《正月十五夜》)

今夜可怜春, 河桥多丽人。

宝马金为络, 香车玉作轮。

(陈嘉言《上元夜效小庾体同用春字》)

月下多游骑, 灯前饶看人。

欢乐无穷已, 歌舞达明晨。

(崔知贤《上元夜效小庾体》)

十万人家火烛光, 门门开处见红妆……

宝钗骤马多遗落, 依旧明朝在路傍。

(张萧远《观灯》)

月色灯光满京都, 香车宝辇隘通衢……

(李商隐《正月十五夜闻京有灯恨不能观》)

从上引诸诗可以看出, 在唐代元宵节一直受到人们的高度重视。大唐王朝经过"安史之乱"的冲击后, 元气大伤, 逐渐走上了下坡路, 但人们到了元宵节依然狂欢不已。描写元宵节的诗词大多是祝颂、吉祥之语或通过形象的描写融合创作人的感受反映节日热闹喜庆的场景，这是对人间现实的肯定和感受，将憧憬和执着，丰满的、具有青春活力的热情和想象，渗透于诗词作品之中。

宋代，伴随着城市的发展、经济的繁荣，元宵节庆更加隆盛，因此关于元宵节的诗词作品在这一时期更是空前兴盛，其中词作品最为突出。

词本是花间语，以写闺情为主，所以，元宵词中描写男女之情的更多。如苏轼《南乡子·宿州上元》下片："飞火乱星球。浅黛横波翠欲流。不似白云乡外冷，温柔。此去淮南第一州。"孙惟信《望远行·元夕》下

片："量减才悭，自觉是、欢情衰谢。但一点难忘，酒痕香帕，如今雪鬓霜髭，嬉游不忺深夜。怕相逢、风前月下。"有欢乐时刻，当然也免不了分别后的忧伤、悲哀和由爱而生的恨。吕谓老《蓦山溪》：

元宵灯火。月淡游人可。携手步长廊，又说道、倾心向我。归来一梦，整整十年余，人似旧，去无因，牵惹情怀破。

章台杨柳，闻道无关锁。行客挽长条，悄不似、当初些个。而今休也，摇落任东风，但恣意，尽留情，我也知无那。

当然，这些都是士人与歌伎之间的露水情，有些又称为应歌词。两宋歌伎非常盛行，歌伎歌舞佐酒娱宾遣兴，文人应歌填词借此佐酒赢欢并获得一种优越感，两者相辅相成，无意中造就了一大批应歌

词。元宵佳会，士大夫假日聚首，张用伎乐，设宴开席，当然是大显身手的好机会。如毛开的《水调

歌头·上元郡集》、柳永的《迎新春·大石调》、苏轼的《南乡子·宿州上元》、吴潜的《昼锦堂·己未元夕》等等，并出现了寄意深远的辛弃疾的《青玉案·元夕》：

东风夜放花千树。更吹落、星如雨。宝马雕车香满路。凤箫声动，玉壶光转，一夜鱼龙舞。

蛾儿雪柳黄金缕。笑语盈盈暗香去。众里寻他千百度。蓦然回首，那人却在，灯火阑珊处。

可惜，这样的词并不多见。更多的还是囿于个人情感的描写。

靖康之耻后，宋朝廷偏安一隅，大批

文人从北方来到环境迥异的江南，思乡之情当然不可避免。更重要的是，南宋朝廷不思北伐，歌舞升平，陶醉于温柔乡，这让以天下为己任的文人更是忧心忡忡。所以，大量的元宵词着重于旧都太平气象的回忆和感慨，或者由现实的繁华引发对旧都的回忆与感慨。如万俟咏《凤凰枝令》下阕："一从鸾辂北向。旧时宝座应蛛纲。游人此际客江乡，空怅望。梦连昌清唱。"王庭珪《念奴娇·上元》上阕："少年时节，见皇州灯火，衣冠朝市。天汉桥边瞻凤辇，帘幕千家垂地。人似神仙，身游佛国，谪堕红尘里。如今憔悴，渐无往岁欢味。"其《江城子·辰川上元》也是由现实的繁华想到旧都。另外，还有朱敦儒《好事近》、李清照《永遇乐》、赵鼎《鹧鸪天·建康上元作》、向子諲《水龙吟·绍兴甲子上元有怀京师》和

《鹧鸪天》、洪皓《蓦山溪·和赵粹文元宵》、王之望《永遇乐·和钱处和上元》、张抡《烛影摇红·上元有怀》、张孝祥《画堂春·元宵何高士说京师旧事》等等。

除了迎紫姑和放生，宋时元宵节还有传柑和吃圆子、踏青的习俗，在词中也有所反映。史浩《人月圆·咏圆子》下片："六街灯市，争圆斗小，玉碗频供。香浮兰麝，寒消齿颊，粉脸生红。"毛开《画堂春》："华灯收尽雪初残。踏青还尔游盘。"

（三）元宵节俗的传承与故事再创作

长期的历史传承中，民俗的形式、意义乃至性质都会发生变化。一般的规律是原始意义变易，宗教性淡化乃至消亡，娱乐游戏成分增强。元宵习俗也是如此。迎紫姑，原始意义是求子，南北朝时用以卜蚕事，卜众事，完全出于功利的目的，但唐宋迎紫姑成了文人雅士的趣事，嬉戏的成分远远多于虔诚，紫姑的形象也大大改变。随着习俗的变易，关于习俗的故事也随之得到了再创作。以紫姑为例，文人将民俗转化到文学意象，文学作品延续了节日习俗的传承，同时节日习俗的发展也促进了文学作品、故事的再创作。

紫姑故事最早见载于南朝宋刘敬叔的《异苑》，所记如下：

世有紫姑神，古来相传，云是人家妾，为大妇所嫉，每以秽事相次役。正月十五日，感激而死。故世人以其日作其形，夜于厕间或猪栏边迎之。祝曰："子胥不在，曹姑亦归，小姑可出戏。"投者觉重，便是神来。奠设酒果，亦觉貌辉辉有色，即跳躞不住。能占众事，卜未来蚕桑。又善射钩，好则大儛，恶便仰眠。

平昌孟氏恒不信，躬试往投，便自跃茅屋而去，永失所在也。

这则故事应该是民间传说的记录，"古来相传"一词说明传说已久。紫姑无名无姓无字，更没点明其里居籍贯，这也与民间传说只注重故事情节的特征一致。但故事的基本情节所记已很清楚，紫姑本是一个受虐待而早逝的小妾，生前常被大妇"以秽事相次役"，在其死后，人们每于其忌日正月十五晚在猪栏边相迎，并占蚕桑与众事。其时，相迎的人们固然对其怀有极大的同情心，但更多的是出于实际利益的考虑。中国民间宗教的社会功能基本上表现在两个方面，即精神上的慰藉功能和行为层次上的实用功能。对执着于务实求存这一价值标准的乡里民众而言，他们固然希望从"诸神救劫"的说教中获得精神支撑，借以消解由于社

会压力而引起的心灵焦灼，但他们更希望这种精神慰藉能够落实到社会行为领域，以解决人生的实际需要为归宿。汉张骞通西域后，中原蚕桑业发展迅速，渴望蚕桑丰收的民众占卜蚕事显然再正常不过。虽然《异苑》并未言明紫姑是厕神，但人们已将她作为一个神了。

不断的重复演示最终将使活动方式成为民俗。从《异苑》、《荆楚岁时记》、《玉烛宝典》所记看，紫姑习俗在六朝已盛，但文人诗文鲜有记载。唐吟咏紫姑者仍不多见，李商隐诗号为难解，却有三首诗用了紫姑典，分别是《正月十五夜闻京有灯，恨不得观》《圣女词》《昨日》。其他的如皮日休《太湖诗·圣姑庙》、熊孺登《正月十五夜》等也用了紫姑的典。宋以后，关于紫姑的诗文大大增加，如刘弇《次韵和彭道原元夕》："大奴听响仆屋隅，小女行卜迎紫姑。"杨无咎《踏莎行》：

"心期休卜紫姑神，文章曾照青藜杖。"等等都是文人对乡间迎紫姑习俗的真实记录。可见，宋时紫姑神在民间信仰非常普遍。卜紫姑不仅表现了对日常生活的期待，也体现了闺中女子的无奈。古时男子迫于生计，常背井离乡，交通工具落后，往往归期难测，家中的妻子抑或情人思虑缠绵，哀伤断肠，却又无能为力，只得诉诸神灵，而紫姑就成了最好的对象。宋诗词中，以紫姑卜归期的比比皆是。如陆游《军中杂歌》："北庭茫茫秋草枯，正东万里是皇都。征人楼上看太白，思妇城南迎紫姑。"《无题》："迎得紫姑占近信，裁成白纻寄征衣。"词以婉曲见长，紫姑典更是常见。欧阳修《蓦山溪》："应卜紫姑神，问归期、相思望断。"朱敦儒《好事近》："却上紫

姑香火,问辽东消息。"洪千秋《生查子》:
"暗祷紫姑神,觅个巴陵信。"

以上所记完全是作为一种民俗的迎紫姑。宋时文人也喜欢迎紫姑,虽为嬉戏游乐,但却讲究情趣,也不囿于原有的历史记载,随意挥舞手中的妙笔使得紫姑形象改头换面。大文豪苏轼写有三篇关于紫姑的文章,其《子姑神记》记:

(紫姑)以筋画字曰:妾寿阳人也,姓何名媚,字丽卿,自幼知读书属文,为伶人妇。唐垂拱中,寿阳刺史害妾夫,纳妾为侍

妾，而其妻妒悍甚，见杀于厕，妾虽死不敢
诉也。而天使见之，为直伸冤，且使有所职
于人间。盖世所谓子姑神者，其类甚众，然
未有如妾之卓然者也。公少留而为赋诗，且
舞以娱公。诗数十篇，敏捷之成，皆有妙思，
什以嘲谈。问神仙鬼佛变化之理，其答皆出
于人之意外。坐客抚掌作道调《凉州神》，
起舞中节。曲终，再拜以请曰：公文名于天
下，何惜方寸之纸不使世人知有妾耳？予视
何氏之生，见掠于酷吏，而遇害于悍妻，其
怨深矣，而经不指言刺史之姓名，似有礼

者。客至，逆知其平生，而终不言人之阴私与休咎，可谓知矣。又知好文字，而耻无闻于世，皆可谓贤者！粗为录之答其意焉。

沈括《梦溪笔谈》卷二一：

景祐中，太常王纶家，因迎紫姑，有神降其闺女，自称上帝后宫诸女，能文章，颇清丽……善鼓筝，音调凄婉，听者忘倦……近岁迎紫姑者极多，大率多能文章歌诗，有极工者。予屡见之，多自称蓬莱谪仙。医卜无所不能，棋与国手为敌。

虽然，民俗中的紫姑也有占卜行事，但与民间迎紫姑以占卜众事已截然不同，故

事主要表现的是紫姑的多才多艺，民俗背景比较黯淡。紫姑也已经不再是那个可怜的小妾形象了，身份和形象都被拔高，遭遇也发生了变化，主要变化表现在：

1.主人公从泛名到名姓具体，且籍贯与所处年代也很具体。

2.紫姑的形象由普通民众变成自幼便知"读书属文"，善赋诗，数十篇诗"敏捷之成，皆有妙思"的多才多艺女子，甚至"问神仙鬼佛变化之理，其答皆出于人之意外"。不仅如此，还善作书，"著篆字，笔势奇妙，而字不可识，曰，此天篆也"。（苏

轼《天篆记》）

3.紫姑遭遇发生了变化。《异苑》中因紫姑生前常被大妇"以秽事相次役"，死后，善良的人们出于同情奉其为"厕神"，苏轼《子姑神记》中的紫姑遭遇比其前期要惨得多，紫姑本是清白女子，后为伶人妇，继寿阳刺史害死其夫，然后强娶为妾，终为悍妇所杀。

4.《荆楚岁时记》引《异苑》紫姑故事后，又引《洞览》云帝喾女将死，云生平好乐，至正月半，可以衣见迎。又其事也。黄石在《"迎紫姑"之史的考察》一文中猜测

帝喾之女胥大约是紫姑传说的原型。宋人则明确指明其乃"上帝后宫诸女"。

5.迎紫姑时，从原来的作其形占卜农桑演变为扶乩。

显然，唐宋文人所记离传说的原型已日趋愈远了，如东坡所记紫姑是唐垂拱时人，其事迹也发生在唐垂拱中。紫姑传说的改变，或许是在文人遣兴娱乐中不知不觉完成的。宋时，鉴于唐末藩镇拥兵横行之祸及五代各朝权臣悍将篡夺帝位之风，朝廷一方面裁抑武臣，优遇文士，以儒治国；一面别有用心地鼓励朝臣"多积金帛、田宅以遗子孙，歌儿舞女以终天年"。因而，官员兼文人的享乐意识自然日渐膨

胀，正如张玉璞所说，宋代士大夫所追求的是一种诗意的、高品位的享乐，精神的满足才是享乐的终极意义之所在。所以，以诗文遣兴成了最常见的表现方式。而娱乐中，紫姑也成了文人展现才华的途径之一了。至于为什么将紫姑的身份拔高，这可能与中国士人的传统文化心理相关，高贵门第的子女多才多艺是正常的，如果是寒门，就不免让人难以置信了。

当历史已远离原始宗教信仰的时代，甚至已远离搜神志怪的时代，小说作者就

可能随意借用民俗事由加以点化和引申变
形，这时故事所表现的就主要是文学意象
了。借助于新的文学意象，鲜活动人的趣
事，妙趣横生的游戏、习俗更好地融入时
代生活，才具有了源远流长的永恒魅力。
紫姑故事如此，别的岁时习俗也是如此。
正是这些文学作品，促进了元宵习俗的传
承。与此同时，随着时代的发展，元宵节俗
的发展变化也促进了文学作品、故事的再
创作。

四、元宵节的文化意义

从最初的宗教祭祀活动，发展成为全民欢庆团圆的传统文化佳节，元宵节承载了深厚的文化意义。

除了注重"阖家团聚"，元宵节同其他传统节日相比更强调"普天同庆"。元宵节被人们视为春节最后的高潮，因为过了这天，人们就要真正进入新一年的生产生活，所以人们在元宵节全民欢庆，以祈求上苍保佑来年风调雨顺、庄稼丰

收，这也表达了人们对新年的美好期盼。正因如此，在中国民间有"正月十五闹元宵"的习俗。

这个传承已有两千多年的传统节日，最初的习俗源于人们驱邪禳灾和求子的需要，因此隋以后逐渐兴起的元宵习俗也无不基于这两个目的。走百病、照田蚕、送毒蛊等传统节俗都是为了驱邪禳灾；还有一些活动显然出于求子的目的，如吊灯、摸钉、走百桥、掷喜童等，这些最初的节俗体现了人们的原始精神需求。

伴随着社会的发展，元宵节也被赋予了更多的文化内涵。唐宋时期打破传统封建礼教的节日全民狂欢，赏明月、闹花灯，欢庆节日的同时，特有的节日文化从方方面面影响着人们的生活，推动着社会的发展。

千百年来，元宵节不仅盛行于大江南北，就是在海外华人的聚居区也年年欢庆不衰。每到元宵节期间，人们都会走出家门，涌上街头，除了闹花灯、猜灯谜外，还有舞龙、舞狮、踩高跷、跑旱船……其中，有很多风俗和活动都是国家非物质文化遗产。出门赏月、燃灯放焰、喜猜灯谜、共吃元宵、同庆佳节，让广大群众参与其中，共同享受这些非物质文化遗产给我们留下的审美记忆。

现今社会，经济高速发展，人们的生活节奏加快，经历多年欧风美雨的冲刷，中国传统节日受到很大冲击，元宵节也不例外。今天人们欢庆元宵节的方式已与古时有所区别，但作为欢庆团圆的传统佳节，元宵节在今天依然为人们所重视，每逢正月十五这一天，远在

异地他乡的人们都企盼着回家过节，与家人一同体味团圆、和美的节日气氛。可以说元宵节的意义已经不仅仅是节日本身，更寄托了人们对家的思念和对团圆的期盼。

其实，元宵节不是一个孤立的节日，它是春节的一部分。春节从除夕关门守岁开始，到元宵节，是一个人们不断扩大活动范围、人际关系不断得到扩大的过程。初一给家长拜年，初二回娘家拜年。以后逐步扩大拜年范围到一般亲戚朋友。在这个时段，人们的活动范围局限在熟人之间。初五是破五，农活可以开始干，商店可以开门了。这个时段，社会开始正常运作。到了正月十五，全体社会成员不分男女老幼都加入到节日活动中。所以，元宵节具有确认全体社

会成员（包括彼此不认识的）相互关系的意义。

元宵节是真正意义上的全社会的"狂欢节"，连平时被限制在家的古代妇女也可以自由出门游玩了。当然，个别礼法之士反对这个习俗，比如宋代的司马光。元宵夜，他夫人打扮好准备出门赏灯。司马光问："家中点灯，何必出看？"

夫人回答："兼欲看游人。"司马光说："某(我)是鬼耶!"这就太不讲理了,总不能只让夫人终年只看他一个人一张脸吧?好在社会不买这些礼法之士的账,大多数妇女照样游乐。元宵节允许民众自由娱乐,这是古代社会针对过分严格的礼法制度而设计的一个发泄渠道。一些年轻人趁机会见意中人。正如辛弃疾所说:"众里寻他千百度,蓦然回首,那人却在灯火阑珊处。"

元宵节主要活动是大众娱乐,但其

社会文化意义却不仅仅是娱乐。

正月十五有很多信仰活动，祈求神灵保佑。古代人祭祀太一神，因为他是最高神，掌管人类命运。祭祀他，可以获得丰收和平安。而祭祀地神，是要保佑蚕事丰收。

元宵节也是一个求子的节日。元宵张灯最初是出于客观需要，晚上活动必须照明。后来张灯又是为了游玩欣赏。可是，它还具有更深一层的意义：祈求生育。宋代陈元靓《岁时广记》卷十二《偷灯盏》解释当时人在元宵节偷灯的原因

时说："一云，偷灯者，生男子之兆。"这里"灯"谐音"丁"，就是男丁。这样一来，偷灯就象征着生育儿子。根据同样的道理，观灯也具有求子的涵义。于是，古代妇女出门观灯有了这个理由，就名正言顺了。一直到民国时代，各地多有送灯给那些无子家庭的习俗，祝愿他们添子孙。清代有摸城门门钉的活动。钉，也谐音"丁"。人们希望通过摸门钉而祈求生育儿子。有些地区的人们还赋予汤圆以象征意义。清代成都有元宵夜偷取供在神龛上的汤圆以求得子的习俗。清代湖北安陆一带百姓互相赠送元宵，其中有大如鹅蛋的元宵，妇女观察煮这种元宵的火候来占卜生育。

当然，在人口压力巨大的今天，元宵节求子活动已经很少看到。现代人又赋

予元宵以新的解释，那就是甜甜蜜蜜，团团圆圆，象征一家团圆，幸福美满。元宵节因此获得了新的文化意义。如今的元宵节，作为中华传统节日，承载了古往今来的中华传统底蕴，元宵节所承载的文化更是成为中华传统文化不可或缺的瑰宝。作为中华民族的重要文化表征之一，元宵节已深深地植根于民众的灵魂深处，世代相传。